Andre Schuchardt

Empirische Studien zur prosodischen Markierung neuer und kontrastiver Information in typologisch diversen Sprachen

GRIN Verlag

Bibliografische Information der Deutschen Nationalbibliothek:

Die Deutsche Bibliothek verzeichnet diese Publikation in der Deutschen National-
bibliografie; detaillierte bibliografische Daten sind im Internet über http://dnb.d-
nb.de/ abrufbar.

Impressum:

Copyright © 2010 GRIN Verlag GmbH
Druck und Bindung: Books on Demand GmbH, Norderstedt Germany
ISBN: 978-3-640-69232-3

Dieses Buch bei GRIN:

http://www.grin.com/de/e-book/156411/empirische-studien-zur-prosodischen-
markierung-neuer-und-kontrastiver-information

GRIN - Your knowledge has value

Der GRIN Verlag publiziert seit 1998 wissenschaftliche Arbeiten von Studenten, Hochschullehrern und anderen Akademikern als eBook und gedrucktes Buch. Die Verlagswebsite www.grin.com ist die ideale Plattform zur Veröffentlichung von Hausarbeiten, Abschlussarbeiten, wissenschaftlichen Aufsätzen, Dissertationen und Fachbüchern.

Besuchen Sie uns im Internet:

http://www.grin.com/

http://www.facebook.com/grincom

http://www.twitter.com/grin_com

Empirische Studien zur prosodischen Markierung neuer und kontrastiver Information in typologisch diversen Sprachen.

Andre Schuchardt

Abstract

Jede Sprache drückt pragmatische Feinheiten und eine Informationsstruktur aus. Viele besitzen spezielle morphosyntaktische Mittel. Diese Arbeit untersucht, ob einige Sprachen dieser Art auch Prosodie nutzen um Topik und Fokus zu markieren. Das Ergebnis lautet, dass die meisten Sprachen Prosodie nutzen, selbst einige Tonsprachen – doch nicht alle. Doch diese Fälle müssen weiter untersucht werden.

1. Einleitung

Fokus, Topik und Kontrast sind pragmatische Funktionen die das Diskursfeld einschränken und disambiguieren oder die Aufmerksamkeit des Zuhörers auf etwas bestimmtes lenken können. In europäischen Sprachen werden diese meist per Akzent und Tönen in der Prosodie realisiert, doch wie machen dies die Sprecher anderer Sprachen? Einige benutzen spezielle morphologische Marker (z.B. Japaner), andere flexible Wortstellungen.

Hier möchte ich untersuchen, wie prominent die Nutzung der Prosodie[1] zur Realisierung von Informationsstruktur (hier vor allem Topik, Fokus und Kontrast) gegenüber morphosyntaktischen Möglichkeiten ist. Dazu greife ich auf psycholinguistische Studien zurück, welche die Produktion von Topik, Fokus und Kontrast bei erwachsenen Sprechern typologisch teils stark unterschiedlicher Sprachen testeten. Perzeption wurde hierbei nur untersucht um die Ergebnisse der Produktionsexperimente zu bestätigen oder zu falsifizieren. Da es nur verhältnismäßig wenige Studien dieser Art zu 'exotischeren' Kulturen gibt und der Rahmen nicht mehr bietet, beschränke ich mich auf einige ausgesuchte Studien und dort auf die Experimente.

Meine Hypothese ist, dass Prosodie selbst bei Sprechern tonal und morphosyntaktisch begabter Sprachen eine wichtige Rolle spielt; vielleicht sogar die wichtigste.

Eine zusätzliche Frage lautet, ob diese Nutzung auch universell ist. Das kann in einer so kurzen Arbeit nicht ausschöpfend behandelt werden, doch möchte ich mit dem Fall Hausa immerhin kurz darauf eingehen.

Die Gliederung sieht daher wie folgt aus: Zunächst sollte ich erklären, was Topik, Fokus und Kontrast sind. Dazu möchte ich auch kurz einige prominente Beispiele geben. Darauf folgt dann die Untersuchung, wie bzw. ob Prosodie in morphosyntaktisch reichen sowie tonalen Sprachen genutzt wird. Da zum Kontrast sogar noch wesentlich weniger Studien als zu Topik und Fokus vorliegen, wird sich zeigen, was in diesem Bereich herauszuarbeiten ist. Eine Zusammenfassung schließt die Untersuchung ab.

2. Topik, Fokus und Kontrast.

Laut Payne (1997) verbinden pragmatische Stati den Kontent (Inhalt) mit dem Kontext (Umfeld). Dazu gehören z.B. Gegeben, Neu, Fokus und Topik. Wie dies genau realisiert wird, dazu gibt es verschiedene Möglichkeiten., z.B. durch Kasus, semantische Rollen sowie morphosyntakti-

---

1 Gemeint als Oberbegriff für zusätzliche lautliche Informationen wie Akzent, Intonation, Tönen, Sprechpausen etc.

sche Formen. Speziell Fokus, Topik und Kontrast sind aber oft unklar definiert. Manchmal wird unter Fokus und Topik dasselbe verstanden, manchmal sind sie Gegenteile.

Hier soll davon ausgegangen werden, dass es mehrere abgegrenzte Kategorien gibt, die aber verwandte Subkategorien einer größeren Klasse sind. Betrachtet werden hier die verwandten Subkategorien Topik (gegebene Information) und Fokus (Neuinformation) sowie (falls Studienergebnisse dazu vorhanden) auch Kontrast.

2. 1. Prosodischer Fokus, Kontrast und Topik

Alter et. al. (2001) führten eine Studie durch, wie Kontrastinformation im Deutschen im Gegensatz zur Neuinformation prosodisch kodiert wird. Dazu konstruierten sie verschiedene Sätze mit Kontext, die von 8 Muttersprachlern gesprochen, aufgezeichnet und analysiert wurden. Sie fanden heraus, dass der sogenannte Neuinformationsfokus eine fallende Kontur hat.

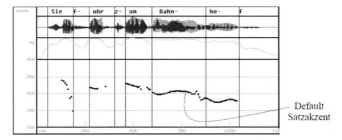

(1)   Abb.1: Neuinformationsfokus (Alter et. al. 2001: 62)

Man muss aber beachten, dass nach den Daten und dem Versuchsaufbau der Studie nicht anzunehmen ist, dass damit Fokus, sondern Topik, also gegebene Information gemeint ist. Topik ist das gegebene, dem der Sprecher keine besondere Betonung gibt.

Für einige der folgenden Studien ist nützlich darauf hinzuweisen, dass ein Topik meist anaphorisch ist. Doch auch hier kann es einen Kontrast geben. Noch ein Grund anzunehmen, dass Kontrast eine dritte Kategorie neben Topik und Fokus ist. Der Kontrast dagegen hat eine deutliche Steigung beim kontrastierten Element.

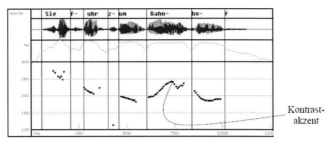

(2)   Abb.2: Kontrastfokus (Alter et. al. 2001: 62)

Hierbei wiederum muss man beachten, dass der eigentliche Fokus laut Elsner (2000) akustisch auffällig (prominent) ist und zu einer Deakzentuierung führt, also alle folgenden Konstituenten ihren Akzent verlieren. Den Kontrast nimmt sie als Sonderform des Fokus an, der noch auffälliger ist. Nehmen wir also (1) als Topik und (2) als Kontrast, wobei der Fokus ähnlich aussehen würde. Laut Wang & Xu (2006) haben viele Studien gezeigt, dass die Intonation genutzt wird um die Informationsstruktur auszudrücken. So hat ein fokussiertes Wort scheinbar selbst in verschiedenen Sprachen eine höhere F0 und längere Dauer als andere Satzteile. Dies werden wir versuchen in den folgenden Studien zu überprüfen.

2.2. Morphosyntaktische Möglichkeiten

Eine dieser anderen Möglichkeiten ist die veränderliche Konstituentenreihenfolge, die aber auch Akzentsprachen oft (jedoch meist nicht ganz so systematisch) haben. Laut Payne (1997) muss man dabei zunächst klarstellen, ob diese Reihenfolge grammatisch bedingt ist oder auf pragmatischen Gründen beruht. Im Englischen lässt sich z.b. das Objekt an den Satzanfang stellen um es zu fokussieren: 'JOHN did it'. Einige Sprachen haben also eine bestimmte Stellung im Satz, in die ein Konstituent kommen kann um topikalisiert oder fokussiert zu werden. Manchmal werden hierbei auch noch spezielle Partikel benötigt.

Andere Sprachen (Payne 1997: 276ff.) nutzen nur Partikel oder Affixe. Das Englische kennt noch Artikel, das Aghem hat Fokuspartikel, Japanisch und Koreanisch sind für Topikmarker bekannt (die Kasusmarker ersetzen), wieder andere können (nur) ihre Kasusmarker nutzen, z.B. Latein.

(3)   Aghem (Payne 1997: 277)

fú	kí	mò	ning	nò	á	kí-'bé
Ratte	SM	AUX	rannte	FOC	im	Verband

'Die Ratten rannten im Verband.'

Eine weitere Möglichkeit nennt Payne (1997) 'Cleft'-Konstruktionen. Dies sind Nominalphrasen (NPs) mit einem Relativsatz, deren NP koreferenziell zur Haupt-NP sind. Dies können z.b. Englisch, Deutsch und Mandarin nutzen. Diese Form würde ich aber als eine Sonderform der Wortreihenfolge ansehen; auf jeden Fall ist sie syntaktisch.

(4)   Englisch-Cleft (Payne 1997: 279)

home	is	[where the heart is	0]$_S$.
NPi	COP		NP$_i$

von: the heart is at home.

Als Möglichkeiten haben wir nun also festgestellt:

a) Intonation / Akzent (Prosodie: Phonetik / Phonologie)

b) Konstituenten- bzw. Wortreihenfolge und Cleft-Sätze (Syntax)

c) Partikel und Affixe (Morphologie)

3. Die Studien

Nun gehen wir zu Studien über in denen Sprachen, die entweder als Mitglieder der Fälle b, c oder als Tonsprachen bekannt sind, auf ihre Möglichkeiten zur Nutzung von Prosodie und Intonation hin untersucht wurden.

3.1. Griechisch

Baltazani & Jun (1998) untersuchten das Griechische auf seine Fokus- und Topik-Intonation hin. Sie wollten herausfinden, wie genau Akzente und Töne in dieser Sprache wirken und aussehen.

Griechisch ist eine indogermanische Sprache, hat jedoch keine bestätigten direkten Verwandten. Der Akzent ist bedeutungsunterscheidend; es werden sogar Tempora und Kasus dadurch unterschieden und auch einzelne Wörter können damit hervorgehoben, also kontrastiert werden.

In ihrer Studie führten Baltazani & Jun (1998) drei Experimente durch. Beim ersten erstellten sie zehn Versionen 'desselben' Satzes (4 Deklarativ und 4 Interrogativ, die sich in der Fokusposition unterschieden, sowie zwei neutrale Kontrollsätze), schrieben diese auf Karten und vermischten sie. Jeder Satz wurde danach je fünfmal von drei Muttersprachlern vorgelesen. Der Fokus war unterstrichen und ein zusätzlicher Satz der Form 'Fokus, nicht [etwas anderes]' wurde gegeben, damit der erste Satz auch als Fokussatz verstanden wird. Bei der Auswertung untersuchten sie die F0-Kontur des Satzes und hierbei besonders die Teile vor und nach dem Fokus.

Ergebnis war, dass in einem *neutralen Satz* (siehe (5)) der Hauptakzent ein H*[2] auf der letzten betonten Silbe ist, gefolgt von einem L%-Grenzton. Alle Töne davor sind L*+H[3]. In einem *Deklarativsatz* (siehe (6)) hat der Fokus H*, die Töne davor sind wie in anderen Sätzen, nach dem Fokus erfolgt jedoch keine Betonung mehr, die Wörter sind also deakzentuiert bis hin zum L%. In *Interrogativsätzen* (siehe (7)) gibt es einen HL%, der Rest ist wie in neutralen Sätzen, wobei der Fokus aber ein L* trägt, gefolgt von einer Deakzentuierung. Die Satzteile vor und nach dem Fokus sind weiterhin zeitlich verkürzt. Lediglich vor dem Satzende gibt es einen hohen Ton, welcher die Frage als solche markiert.

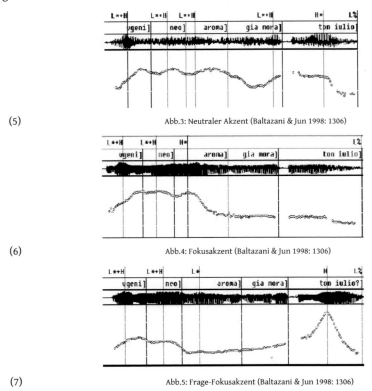

(5) Abb.3: Neutraler Akzent (Baltazani & Jun 1998: 1306)

(6) Abb.4: Fokusakzent (Baltazani & Jun 1998: 1306)

(7) Abb.5: Frage-Fokusakzent (Baltazani & Jun 1998: 1306)

In (6) und (7) ist der Fokus das Wort 'aroma'

2   H* = Hoher Akzentton (high pitch accent)

3   L = Low tone, H = High tone. p = Grenze einer prosodischen Phrase, i= Grenzton einer Intonationsphrase.

Der Fokus trägt also einen prominenten Ton und führt zur folgenden Deakzentuierung, ist damit also salienter.

Im zweiten Experiment wurde Topik untersucht. Material und Methoden waren wie im ersten, es gab jedoch mehr Sätze, die es von den Sprechern vorzulesen galt. Ergebnis war, dass die Topik-Phrase auch eine eigene Intonations-Phrase darstellt mit einem H%. Im *Interrogativsatz* ist er jedoch L% und auf dem letzten Wort der Topikphrase ist ein H*, während das Verb nun einen L*-Fokuston trägt; die Töne danach sind deakzentuiert. Interessanterweise werden die folgenden Töne auch deakzentuiert, wenn das Fokusverb am Satzanfang steht und die Topikphrase darauf folgt.

Fazit: Wie erwartet nutzt Griechisch Prosodie für Fokus und Topik, wobei Fokus prominent ist und zur Deakzentuierung führt – auch wenn ein Topik vorhanden ist.

3.2. Georgisch: Flexible Wortreihenfolge

Skopeteas et. al. (2007) untersuchten Georgisch, über das es ihnen zufolge bereits etliche Studien betreffend die Syntax gab, doch kaum welche im Bereich der Prosodie. Ihr Ziel war es herauszufinden, inwiefern die Prosodie eine Rolle für die Informationsstruktur spielt.

Georgisch ist bekannt für seine freie Wortreihenfolge, in denen Konstituenten in beliebiger Reihenfolge auftauchen können. Laut Skopeteas et. al. ist hierbei das Subjekt meist Satzinitial[4], während es umstritten ist, ob Objekt und Verb eine feste Reihenfolge haben. Scheinbar kommt es aber auf die Sprechumgebung (Gespräch, Erzählung etc.) an. Trotzdem scheint SOV häufiger zu sein. Dies zu untersuchen war eine Fragestellung der Studie, uns interessiert aber mehr die zweite.

Wichtiger ist an dieser Studie nämlich, dass sie auch die Intonation untersuchten, vor allem auch Topik und Fokus. Laut einer älteren Studie von Bush (1999) besitzt das Georgische komplexe $L_p H_p$ Grenztöne in Fragen. Daraufhin kann noch ein zusätzlicher L_i oder H_i folgen. Nicht-finale Wörter starten mit einem L und enden mit einem H_p. Topik kommt vor Fokus in einer markierten Wortreihenfolge, wobei das Topik einen H* trägt. Ein Kontrastakzent ist ebenfalls ein H*, der jedoch alle folgenden Töne 'auslöscht', es folgen also nur noch niedrige.

---

4 Das stimmt also gut mit Paynes allgemeinen Beobachtungen überein, dass Fokus meist satzinitial ist.

(8) Beispiel Georgisch: Fokus auf 'Viele'

[bevr-i]P   [i-qi'd-a   meri-m]P   [sk'am-i]P]I

Viele-NOM SV-kaufen-AOR.3.SG   meri-ERG   Stuhl-NOM

'VIELE Stühle kaufte Mary.'

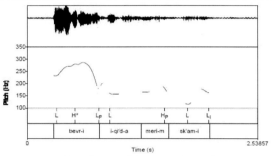

Abb.6: Fokusakzent (Skopeteas et. al. 2007: 8)

Das Produktionsexperiment von Skopeteas et. al. sollte dies nun überprüfen und bestand aus zwei Teilen. Im ersten musste eine (einzige) Muttersprachlerin geschriebene Sätze mit entsprechenden pragmatischen Markierungen vorlesen. Die Sprecherin sollte hierbei so natürlich wie möglich sprechen. Andere Sprecher überprüften die Aufnahme dann auf ihre Natürlichkeit. Das gelesene Material bestand aus vier verschiedenen Sätzen in zwei verschiedenen Tempora in vier unterschiedlichen Wortreihenfolgen: SO_2O_1V, O_2O_1SV, O_1SVO_2 und VSO_1O_2[5]. Das ist für uns noch nicht so relevant. Wichtiger ist, dass diese zusätzlich mit verschiedenen Informationsstrukturen versehen wurden: Neu ('Weiter Fokus'), Subjektfokus, DO-Fokus, IO-Fokus, Subjekt+DO-Fokus. Um diese heraufzubeschwören, wurde mit gestellten Fragen nach den Sätzen gefragt. Z.B.: 'Was passierte?' - 'Nino las ein Buch.'

Im zweiten Teil, einem Perzeptionsexperiment, sollten 60 Muttersprachler gesprochene (aufgezeichnete) Frage-Antwort-Sätze nach ihrer Natürlichkeit beurteilen. Hierbei gab es Antworten, welche die Frage korrekt beantworten (kongruent sind) und welche, die es nicht tun. Weiter wurde nach Fokus, Wortreihenfolge und Prosodie differenziert, was 40 verschiedene Möglichkeiten ergab. Bei vier verschiedenen Sätzen mit zwei Aspekten gab es 320 Frage-Antwort-Paare. Diese wurden danach in 4 unterschiedliche Sets aufgeteilt und jeweils automatisch gemischt, wovon jeder der 60 Sprecher nur ein Set beurteilen sollte.

---

5   O_1 = Direktes Objekt (DO), O_2 = Indirektes Objekt (IO).

(9)	Kongruentes Satzpaar
	Frage: Wer lies Nino ein Buch lesen?
	Antwort: Dato lies Nino ein Buch lesen.
	Nicht-kongruent: Ein Buch ließ Dato Nino lesen.

Die Haupthypothese lautete, dass erstens die Prosodie zwischen Frage und Antwort stimmen (kongruent sein) und zweitens einige Prosodiemuster natürlicher sein müssten als andere, wenn die flexible Wortreihenfolge der Sprache mit Prosodie zusammenarbeitet. Prosodisch prominente Konstituenten sollten als Fokus analysiert werden, so eine andere Hypothese. Weiterhin nahmen sie eine bestimmte Reihenfolge der möglichen Wortreihenfolgen an, wobei präferierte Reihenfolgen nur bei bestimmten Informationsstrukturen verletzt werden.

Als Resultat ergab sich in der Studie, dass die Sprecherin tatsächlich nur kongruente Sätze sprach. Weiter haben nur prominente Wörter einen H*. In Neu-Sätzen ist nichts prominent. Ist der Fokus initial, hat er einen LH^*L_p. Bei einem Fokus sind die Konsonanten gelängt und emphatisch. Nach dem Fokus wird kaum etwas deakzentuiert, was in anderen Sprachen oft der Fall sein soll. Im zweiten Versuch kam betreffend die Prosodie vor allem raus, dass ihr Effekt konsistent ist. Kongruente Paare wurden von den Hörern als natürlicher angenommen und es wurden signifikante Effekte der Kongruenz gefunden. Auch verstärkte die kongruente Prosodie die Annahme, welche Wortreihenfolge natürlich sei. In der Produktion wird also kongruent gesprochen, in der Perzeption dank Kongruenz leichter verstanden.

Im Ganzen sei laut Skopeteas et. al. die gesamte tonale Kontur in der Prosodie am wichtigsten, während man Pitchaccents nur bei sehr prominenten Elementen wie dem Fokus findet. Auch ist die Prosodie wichtiger für die Interpretation der Informationsstruktur als die Wortreihenfolge, genaugenommen kann sie sogar helfen die 'richtige' Wortreihenfolge zu erkennen.

Kritisch kann man auch an dieser Studie sehen, dass es nur wenige Versuchspersonen gab. Innerhalb einer Sprechergemeinschaft kann es immerhin zu Variationen kommen.

Fazit: Auch Georgisch hat einen Fokus, der prominent ist und zur Deakzentuierung führt. Trotz syntaktischer Möglichkeiten ist Prosodie wichtiger zum Erkennen der Informationsstruktur.

3.3. Morphosyntaktische Marker: Japanisch

Nakanishi (2002) untersuchte in ihrer Studie Japanisch, das für seine syntaktischen und morphologischen Mittel seine Informationsstruktur auszudrücken, bekannt ist. Ihr Ziel war es herauszufinden, wie stark die Prosodie allein als Ausdrucksmittel sein kann.

Der Akzent im Japanischen, einer isolierten Sprache, erfolgt durch eine Tonhöhenänderung, wobei sie zwei Akzentarten kennt, die auch, fast wie in Tonsprachen, bedeutungsunterscheidend sein können. Sehr vieles in der Sprache (grammatische Relationen, Konjunktionen, etc.) wird durch Partikel realisiert; speziell für Topik gibt es den Marker wa, der den Kasus ersetzt. Auch hat die Sprache eine recht flexible Wortstellung.

Nakanishi (2002) vorausgehende Studien zeigten auf, dass Japanisch wegen seinen morphosyntaktischen Mitteln weniger Wert auf Phonologie legt. Bisher wurde angenommen, dass phonologische Effekte nur im Kielwasser der anderen Mittel einen Einfluss auf die Informationsstruktur haben. In ihrer Studie nun aber wollte sie zeigen, ob es nicht doch anders herum ist. Dazu wollte sie den Topikmarker wa auf seine beiden Funktionen Thema und Kontrast[6] hin untersuchen, welche laut Nakanishi nur die Prosodie differenzieren können.

Sich auf Kuno (1972) berufend definiert Nakanishi wa als Marker für das Thema oder das Kontrastelement eines Satzes, wobei das Thema anaphorisch oder generisch sein muss, der Kontrast dagegen nicht. Um sich dies zu verdeutlichen:

(10)	a) anaphorisch					
	John-wa	gakusei	desu			
	J.-TOP	Student	ist			
	'(Dieser) John ist Student.'					
	b) generisch					
	kuzira-wa	honyuudoobutu-desu				
	Wale-TOP	Säugetiere-sind				
	'Wale sind Säugetiere.'					
	c) kontrastiv					
	John-wa	sono	hon-o	yon-da	ga	Mary-wa	yoma-nakat-ta
	John-TOP	das	Buch-ACC	lesen-PST	aber	Mary-TOP	lesen-NEG-PST
	'John las das Buch, Mary aber nicht.'					(Nakanishi 2002)

Ist der Topik-Marker an einem Element, das nicht Subjekt ist, wird es meist als kontrastiv interpretiert, da dieses meist nicht Thema eines Satzes ist.

Letztlich kann es zu Ambiguitäten führen, wenn das Subjekt generisch oder anaphorisch ist: Welche Funktion des Markers ist hier nun gemeint? Laut Nakanishi erklärt dies die Prosodie, was sie mit der Studie beweisen wollte.

---

6 Man beachte: nach unserer Definition sind dies Fokus und Kontrast, der Marker wird aber Topikmarker genannt. Im folgenden Abschnitt übernehm ich die Terminologie von Nakanishi, gemeint sind aber tatsächlich Topik und Kontrast.

In ihrer Untersuchung nutzt sie die F_0-Kontur, die vor und nach wa einen Höhepunkt hat, was sie P1 und P2 nennt.

In ihrem ersten Experiment erstellte sie Sätze der Form [(anaphorisches) Subjekt-wa Prädikat] ohne Kontext; ähnlich wie oben. Die Sätze waren auf vier Karten geschrieben; zwei Muttersprachler sollten sie vorlesen. Dieses wurde aufgenommen und analysiert. Heraus kam, dass P2 niedriger als P1 ist, wenn wa kontrastiv genutzt wird, dagegen höher als P1, wenn wa thematisch ist.

(11)   Oben Thematisch, unten Kontrastiv.

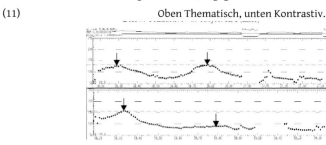

Abb.7: Akzente Japanisch (Nakanishi 2000: 7)

Im zweiten Experiment nahm sie zu den Sätzen einen Kontext hinzu: Einen Fragesatz zu jedem Satz, wobei das Subjekt weiter stets anaphorisch ist, das Verb dagegen anaphorisch oder nicht. Acht Muttersprachler machten dasselbe wie die Sprecher des ersten Experiments mit diesmal fünf Karten: vorlesen. Ergebnis ist, dass P2 niedriger als P1 ist, wenn wa kontrastiv ist, dagegen gleich hoch bis höher als P1, wenn wa thematisch ist. Also dasselbe Ergebnis wie im ersten Experiment. Dies beschreibt sie jedoch nur als Tendenz, da es nicht bei allen Sprechern so klar war. Hier sieht man schön Effekte der Variation innerhalb einer Sprache und Sprechergemeinschaft.

Es wäre interessant zu wissen, ob dies bedeutet, dass auch im Japanischen ein Fokus zur Deakzentuierung führt, Topik dagegen nicht. Die gemessen Höhen von P1 und P2 lassen es aber vermuten.

Daraufhin untersuchte sie noch einen Korpus, das 'Callhome Japanese'. Sie nahm zehn Beispiele (5 thematisch, 5 kontrastiv) aus den Gesprächen zweier Muttersprachler und analysierte sie. Die Ergebnisse waren kurz gesagt dieselben wie in den vorherigen Experimenten.

Ihre Schlussfolgerung lautet also, dass Morphosyntax nicht zwischen dem thematischen und kontrastiven wa unterscheiden kann sondern solche Sätze ambig bleiben, die Prosodie dagegen disambiguiert. Zum Schluss weißt sie noch daraufhin, dass ihr keine Sprache bekannt sei, die Prosodie nicht benutzt um die Informationsstruktur klarzumachen, weshalb es ein universelles Mittel sein könnte. An der Stelle griff also auch sie unsere zweite Frage nach der Universalität auf und spricht sich dafür aus.

Fazit: Trotz seiner morphosyntaktischen Möglichkeiten ist Prosodie wichtig im Japanischen, um Ambiguitäten aufzulösen. Vermutlich wirken sich Topik und Fokus auch prosodisch aus wie in den anderen Sprachen bisher.

Gegenbeispiel: Gordon (2004) untersuchte Chickasaw nach seinen prosodischen Möglichkeiten Kontrast auszudrücken. Die Ergebnisse waren bei den fünf Sprechern unterschiedlich, was darauf hinweist, dass Prosodie in dieser Sprache nicht zwangsläufig genutzt werden muss bzw. auch keine feste Form hat. Dies ist eine weitere Darstellung der innersprachlichen Variation. Gerade diese Sprache sollte, wenn Gordons Methode an sich korrekt war, noch einmal gründlicher untersucht werden.

Trotzdem ist dies bereits ein erster Punkt gegen die Frage der Universalität.

3.4. Mandarin: Prosodie in der Tonsprache

Wang & Xu (2006) sowie Liu & Xu (2005) untersuchten Mandarin. Erstere verfolgten die Frage, ob und wenn ja wie Fokus und Topik allein durch Prosodie im Mandarin realisiert werden, zweitere interessierte die Frage, wie Fokus und Fragen parallel (prosodisch) sich auswirken.

Mandarin ist die Hauptsprache Chinas und meistgesprochene Sprache der Welt. Grammatische Relationen und andere Feinheiten werden durch Partikel, Kontext und vor allem die Syntax ausgedrückt. Mandarin ist eine Tonsprache, in welcher der Ton einer Silbe stark bedeutungsunterscheidend ist. Deshalb sind diese Studien sehr interessant um zu sehen, ob auch die Sprecher einer Tonsprache Prosodie für Topik und Fokus nutzen.

Wang & Xu (2006) wollten sehen, wie Fokus und Topik mit verschiedenen Graden von Neuheit akustisch kodiert werden. Für ihr Produktionsexperiment gab es fünf Basissätze mit verschiedenen Tonkombinationen und disyllabischen Inhaltswörtern, wovon das erste Subjekt war. Jeder Satz erhielt einen Priming-Kontext der vier verschiedene Topik-Fokus-Variationen erregen sollte. Neuer Topik erhielt keinen Kontext, implizierter Topik wurde im Kontext umschrieben, gegebener Topik wurde explizit erwähnt, initialen Fokus würden wir hier einen Kontrast nennen. Sechs Muttersprachler lasen die Sätze in zufälliger Reihenfolge viermal vor und wurden aufgezeichnet und analysiert.

Ergebnis war, dass die maximale F0 des ersten Wortes fokussiert höher ist. Ein initialer Fokus (Kontrast) erhöht die maximale F0 des ersten Wortes, nicht aber die minimale und senkt die maximale bei allen folgenden Wörtern. Neuer Topik erhöht die minimale des ersten Wortes und verändert die F0 folgender Wörter nicht. Normaler Fokus erhöht die Tonhöhe des ersten Wortes und senkt die folgende Wörter, Topik dagegen ändert folgende Worte nicht.

(12) Ein initialer Fokus (IF) ist länger als nichtfokussierte Satzteile in verschieden langen Sätzen.

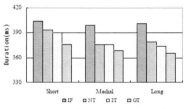

Abb.8: IF Mandarin (Wang & Xu 2006: 2)

Fokus und Topik werden also auch im Mandarin prosodisch realisiert und zwar ähnlich wie in den anderen Sprachen bisher.

Liu & Xu (2005) untersuchten zusätzlich noch die Zusammenwirkung von Fokus und Fragen. In ihrem ersten Experiment sollten wieder von Muttersprachlern verschiedene Sätze vorgelesen werden, was aufgenommen und analysiert wurde. Es kam heraus, dass egal in welcher Satzart (Interrogativ, Deklarativ, Fragewortsatz etc.): der Fokus verhält sich immer gleich und wie schon bekannt. Jedoch gibt es Unterschiede, wenn der Fokus am Satzende ist, denn dort liegt auch die Betonung der Frage, weshalb der Fokus schwerer erkannt wird. In einem zweiten Experiment untersuchten sie auch die Perzeption, welche die Resultate der Produktion bestätigten.

(13) Ergebnisse der Aufnahmenanalyse von Liu & Xu (2005)

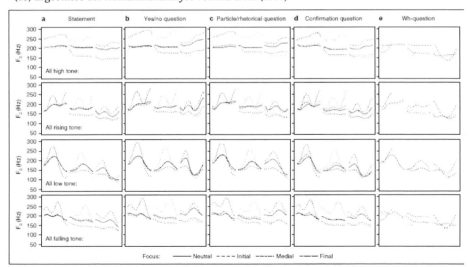

Abb.9: Ergebnis (Liu & Xu 2005: 25)

Fazit: Selbst die Tonsprache Mandarin nutzt Prosodie für Fokus und Topik, die sich auswirken wie schon bekannt.

3.5. Hausa: Ton und Syntax – Keine Prosodie?

Hausa ist die größte der Tschad-Sprachen. Hartmann & Zimmermann (2007) untersuchten den Fokus der Sprache; hierbei besonders den syntaktisch markierten. Ihr Ziel war es zu beweisen, dass die Annahme, Fokus müsse universell markiert werden, falsch sei. In ihrer Studie gehen sie hauptsächlich auf die morphosyntakischen Besonderheiten und Fokusstrategien der Sprache ein: Das Fokuswort kann an seiner Originalposition bleiben, was in situ genannt wird, oder an das linke Ende des Satzes kommen, was ex situ heißt; beide Strategien können auch parallel erscheinen. In situ ist nicht restriktiert, nicht markiert und Subjekte werden in dieser Position nicht fokussiert. Alle Varianten des Fokus können in beiden Positionen erscheinen. In einer Korpusanalyse fanden Hartmann & Zimmermann heraus, dass ex situ häufiger vorkommt und eher Kontrast oder Emphase ausdrückt, in situ dagegen am häufigsten auf Fragen antwortet. Die syntaktischen Feinheiten interessieren uns hier aber nicht.

Sie führten auch ein qualitatives Experiment durch, bei dem wie immer ein Muttersprachler verschieden geformte Sätze, in denen der Fokus auch auf verschiedenen Satzteilen lag, vorlesen sollte und diese analysiert wurden, in dem herauskam, dass Fokus scheinbar nicht prosodisch markiert wird: In allen vier Foki-Varianten liegt der H* auf dem ersten Wort, die restliche Kontur sieht jeweils völlig gleich aus.

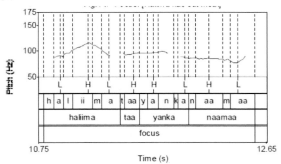

(14)   Abb.10: Objekt-Fokus (Hartmann & Zimmermann 2007: 28)

Das Problem mit dem Experiment ist, und das erwähnen sie auch selber, ist eben, dass sie nur eine einzelne Testperson hatten. Man kann das Ergebnis also noch nicht absolut fest annehmen, doch wenn dieses Ergebnis ein allgemeines der Sprache sein sollte, heißt dies, dass Hausa Prosodie nicht nutzt um Fokus zu markieren.

Auch in einem folgenden Perzeptionsexperiment kam heraus, dass keine Unterschiede gehört werden. Leider war es wieder dieselbe Testperson und es stellt sich die (nicht beantwortete) Frage, von wem die Aufnahmen der zu bewertenden Sätze stammen.

Letztlich ist festzuhalten, dass diese Experimente nur für den in situ-Fokus durchgeführt wurden; jedoch muss ein Element in ex situ auch nicht zwangsweise fokussiert sein. Ihre Beobachtungen unterstützen sie aber damit, dass es in einigen anderen afrikanischen Sprachen ähnlich aussehen soll.

Festzuhalten ist aber, dass Hausa zumindest laut diesen Daten Prosodie nicht nutzt um den Fokus zu markieren; wobei Fokus aber auch nicht obligatorisch ausgedrückt werden muss. Für Topik lässt sich anhand dieser Studie nichts sagen. Es gibt zwar verschiedene Topikmarker, doch die Prosodie wurde nicht untersucht.

Fazit: Durch die spärlichen Experimente sind die Ergebnisse mit Vorsicht zu genießen, doch vermutlich handelt es sich bei Hausa um eine Sprache, die Prosodie <u>nicht</u> nutzt um Fokus zu markieren. Weitere Studien wären interessant; leider gibt es für diese Sprache in dem Bereich noch nicht viel.

4. Diskussion und Fazit

Wir sahen nun Sprachen verschiedener Typen – Akzent, Morphosyntax und Ton – und Untersuchungen, wie die prosodischen Markierungen für Topik und Fokus in diesen Sprachen aussehen.

Griechisch besitzt einen bedeutungsunterscheidenden Akzent. In ihrer Studie führten Baltazani & Jun (1998) 3 Experimente aus. Beim ersten lasen 3 Versuchspersonen Sätze, bei denen der Fokus unterstrichen war. Der Fokus stellte sich als salient und prominent heraus und führte zur Deakzentuierung folgender Satzteile. Im zweiten Experiment wurde nach dem Fokus gesucht, dessen Auswirkungen schwächer sind.

Für das Georgische überprüften Skopeteas et. al. (2007), ob die Sprache wirklich einen Kontrast mit einem H* hat, der deakzentuiert. In einem Produktionsexperiment las nur eine Versuchsperson Sätze vor; ein Perzeptionsexperiment überprüfte die Ergebnisse. Diese waren, dass kongruente Sätze eher gesprochen und vor allem besser verstanden werden. Prominente Satzteile wie Fokus können einen Pitchakzent tragen. Prosodie ist wichtig, trotz variabler Wortstellung.

Das Japanische hat einen Fokusmarker, nutzt aber trotzdem Prosodie, denn der Fokusmarker ist ambig. Zuerst ließ Nakanishi (2002) zwei Versuchspersonen vorlesen, später stockte sie auf 8 auf, die zu ihren Sätzen auch einen Kontext bekamen. Und selbst eine Korpusanalyse bestätigte die

Ergebnisse, dass bei Topik die F0 vor und nach wa einen Höhepunkt hat, beim Fokus nur davor, also danach deakzentuiert wird.

Im Chickasaw aber fand Gordon (2004) große Variationen innerhalb der Sprechergemeinschaft. Die Tonsprache Mandarin untersuchten Wang & Xu (2006) und Liu & Xu (2005). Erstere gaben ihren 6 Propanden 5 Sätze in Variationen zu lesen und stellten fest, dass die F0 bei einem Fokus steigt. Zweitere fanden zusätzlich heraus, dass der Fokus immer gleich bleibt, in verschiedenen Satzformen.

Im Hausa fanden Hartmann & Zimmermann (2007) jedoch keine prosodischen Effekte. Sie hatten aber auch nur eine Versuchsperson, die Sätze mit Fokus stets gleich aussprach. In einem Perzeptionsexperiment sollte dieselbe Person Sätzen zuhören und fand keine Unterschiede.

Auffällig war aber, dass in Sprachen mit prosodischer Markierung, wo diese Zwang oder wichtig ist, sie zumindest in dieser Untersuchung stets gleich aussehen: Fokus dominiert und löscht folgende Akzente aus, Topik ist schwächer denn Fokus. Es wäre für weitere – größere – Forschungen interessant herauszuarbeiten, ob die Form von Fokus und Topik in allen Sprachen die Prosodie nutzen gleich ist.

Mit den Ergebnissen dieser Untersuchung stelle ich als Hypothese drei Arten von Sprachkategorien auf (mit der Grundthese, dass Fokus und Topik in allen Sprachen zumindest in der Tiefenstruktur vorhanden sind): a) nutzt Prosodie nicht, hat aber andere Möglichkeiten Topik/Fokus auszudrücken, b) hat andere Möglichkeiten und kann Topik/Fokus prosodisch ausdrücken, muss es jedoch nicht, weshalb die F0 anders aussieht als in anderen Sprachen und variiert, c) nutzt als wichtiges Instrument zur Markierung Prosodie, auch wenn vielleicht andere Mittel vorhanden sind. C) könnte am häufigsten sein, zumindest müssten a) und b) noch auf ihr Zutreffen hin untersucht werden.

Zukünftige Aufgaben wären also zu überprüfen, 1. ob diese Einteilung korrekt ist oder es weitere Differenzierungen gibt und 2. ob alle Sprachen des Typ c) dieselbe Kontur nutzen.

5. Referenzen

- Alter, Kai, Mleinek, Ina, Rohe, Tobias, Steube, Anita, Umbach, Carla (2001): Kontrasprosodie in Sprachproduktion und -perzeption. Linguistische Arbeitsberichte 77, 2001. Leipzig.
- Baltazani, Mary & Jun Sun-Ah (1998): Intonation and pragmatic interpretation of negation in Greek. Proceedings of the XIVth International Congress of Phonetic Sciences. , 2: 1305-8. San Fransisco. Botinis, A. 1998.
- Elsner, Anja (2000): Erkennung und Beschreibung des prosodischen Fokus. Bonn: Dissertation 2000.
- Gordon, Matthew (2004): The intonational realization of contrastive focus in chickasaw. In: Lee, Gordon, Büring (eds.): Topic and Focus: A crosslinguistiv Perspective. Khaver Academic.
- Hartmann, Katharina & Zimmermann, Malte (2007): In Place – Out of Place: Focus in Hausa. In Schwabe, K. & Winkler, S. (Eds.), On information structure: meaning and form. Amsterdam: Benjamins.
- Liu, Fang & Xu, Yi (2005): Parallel Encoding of Focus and Interrogative Meaning in Mandarin Intonation . Phonetica 2005;62:70-87.
- Nakanishi, Kimiko (2002): "Prosody and Information Structure in Japanese: a Case Study of Topic Marker wa." Japanese/Korean Linguistics 10 (2002): 434-447. Stanford: CSLI
- Payne, Thomas E. (1997): Describing Morphosyntax. Cambridge: Cambridge University Press 2007, 9. Auflage.
- Skopeteas, S., Féry, C. & Asatiani, R. (2007): Word Order and Intonation in Georgian. Manuscript, University of Potsdam.
- Wang, Bei & Xu, Yi (2006): Prosodic Encoding of Topic and Focus in Mandarin. Speech Prosody 2006. Dresden.